Das ultimative
Sexfreunde-Buch

Massimo Wolke präsentiert

Das ultimative
Sexfreunde-Buch

Women-Edition

Bibliografische Information der Deutschen Nationalbibliothek:
Die Deutsche Nationalbibliothek verzeichnet diese Publikation
in der Deutschen Nationalbibliografie; detaillierte bibliografische
Daten sind im Internet über http://dnb.dnb.de abrufbar.

Herstellung und Verlag:
BoD – Books on Demand, Norderstadt

ISBN: 978-3-7386-3531-7

Herzlichen Glückwunsch und vielen Dank für den Erwerb dieses Buches. Mit diesem Exemplar hältst du die exklusive Women-Edition des Sexfreunde-Buches in deinen Händen. Endlich sind die Zeiten vorbei, in welcher Frauen sich durch undurchsichtige Techtelmechtel gekämpft haben. Dieses Buch soll eine Hilfe sein, die wichtigsten Daten der Verehrer geordnet und sortiert zu sammeln und an einem geheimen Ort zu verstauen. Dieses Buch bietet Platz für die Daten von 50 Eroberungen.

Zuerst erfolgen die Erklärungen zur bestmöglichen Handhabung des Buches, danach folgt das Inhaltsverzeichnis deiner Eroberungen und anschließend ist Platz für die einzelnen Beschreibungen bzw. Bewertungen. Danach kannst du noch deine internationalen Eroberungen aufschlüsseln.

Ich wünsche dir nun viel Spaß und Erfolg mit diesem hilfreichen Begleiter.

Dein Massimo

Erläuterungen

Jede Eroberung bzw. jedes Profil wird in diesem Buch in zwei Bereiche geteilt. Während auf der linken Seite des Buches wichtige Daten aufgezeichnet werden können, wird auf der rechten Seite im Final Check die Eroberung nach verschiedenen Kriterien bewertet. Diese Kriterien ermöglichen einen raschen Vergleich der eroberten Herren.

Wichtige Daten:

Fotobereich:
In diesem Bereich kann man ein kleines Foto der Eroberung platzieren. Eine Zeichnung tut es allerdings auch.

Nummer/Name:
Die ersten wichtigen Angaben sind eine fortlaufende Nummer sowie der Name. Der Name ist im Inhaltsverzeichnis zur betreffenden Nummer zu ergänzen, um ein schnelles Nachschlagen zu ermöglichen.

Telefonnummer.:
Unerlässlich ist es, die Telefonnummer zu notieren, falls man sie im Handy aus diversen Gründen nicht einspeichern möchte.

Geburtstag:
Für manche wichtig und manche unwichtig ist das Verzeichnen des Geburtstags bzw. Jahrgangs der Eroberung.

Nationalität:

Gerade für international interessierte Damen ist die Aufschlüsselung der Nationen kein unwesentliches Detail. Im abschließenden Kapitel hast du die Möglichkeit, verschiedene Nationalitäten aufzuschlüsseln.

Frisur/Haarfarbe:

Hier kannst du Angaben über die Frisur und die Haarfarbe machen.

Körpergröße:

Jeder hat andere Vorlieben bezüglich der Größe des Partners. Hier kannst du den Überblick bewahren.

Körperbau:

Wie der Körperbau bei Männern nicht unterschiedlicher sein könnte, so ist auch der Geschmack jeder einzelnen Dame anders.

Augenfarbe:

Hier kannst du die Augenfarbe deiner Eroberung erfassen.

Kennenlerndatum/-ort/durch wen:

Für manche Eroberungen ist es wichtig zu wissen, wann/wo man erobert bzw. sich das erste Mal getroffen hat. Ebenso ist die Angabe wichtig durch wen man die Eroberung kennengelernt hat. Hier können schon gefährliche Schnittmengen erkannt werden und man kann sich notfalls in Vorsicht üben.

Beziehungsstatus:
Es ist nie schlecht zu wissen, ob sich die Eroberung in einer Beziehung befindet oder nicht. Beide Varianten können sowohl Vor- als auch Nachteile mit sich bringen. Nachteile einer bereits vergebenen Eroberung sind jedenfalls die mangelnde Verfügbarkeit sowie das Risiko. Ein Vorteil ist sicher die geringere Anhänglichkeit.

Sliptyp:
Tangas oder doch Boxershorts, hier wird die Wahrheit notiert.

Interessen:
Es kann von Vorteil sein, die Interessen der Eroberungen zu kennen. Mit dieser Information kann man beim nächsten Treffen Anknüpfungspunkte finden.

Sexuelle Vorlieben:
Die sexuellen Vorlieben sind für die Vorbereitung wichtig, um zu wissen wie die Eroberung tickt. Des Weiteren weiß man beim Date woran man ist.

Bevorzugte Stellungen:
Ebenso ist es bei der Vorbereitung wichtig, zu wissen, welche Stellungen die Eroberung bevorzugt.

Hübsche Freunde:
Hat die Eroberung hübsche Freunde? Auf wen muss man achten? Welcher Freund kann gefährlich werden? Kennt ein Freund eine andere Eroberung?

Gefährliche Schnittmengen:

Welche Personen oder Orte können Gefahrenherde darstellen. Wer kennt wen? Wer hält sich wo und wie oft auf? Können sich Eroberungen gegenseitig kennenlernen? Haben Eroberungen gemeinsame Freunde? Hier gilt: Gefahr erkannt, Gefahr gebannt.

Final Check:

Der Final Check stellt das Herzstück eines Profils dar. Er vergleicht verschiedene Kriterien, welche jeweils einer Bewertung unterzogen werden. Er besteht aus sieben Einzel- und einer Gesamtbewertung. Bei jedem Eckpunkt ist eine Bewertung von 1 bis 5 Punkte möglich, wobei 1 die schlechteste Bewertung und 5 die beste Bewertung darstellt. Bei der Gesamtbewertung ist eine Bewertung von 1 bis 5 Punkte möglich, wobei eine eigene subjektive Gesamtbewertung oder ein Durchschnitt der einzelnen Bewertungen möglich ist.

Aussehen:
Wie deine Bewertungen im Allgemeinen höchst subjektiv sind, ist auch die konkrete Bewertung des Aussehens subjektiv. Was gefällt, gefällt.

Alter:
Manche Frauen suchen gleichaltrige Männer, andere bevorzugen hingegen jüngere oder erfahrenere Typen.

Körperpflege:
Wie gepflegt ist der Mann von Welt?

Beziehungsstatus:
Hat die Eroberung eine Beziehung?

Monetärer Status:
Für manche ist dieser wichtig, für andere nicht. Will man gerne eingeladen werden oder eher nicht?

Sexuelles Wissen:

Wie ist es mit dem sexuellen Wissen der Eroberung bestellt? Wie erfahren ist die Eroberung? Kann man noch von der Eroberung lernen?

Bettfaktor:

Der Bettfaktor gibt allgemein an, wie viel Spaß man mit der Eroberung im Bett hat.

Aktivität/Passivität:

Wie weit ist die Eroberung aktiv im Bett? Oder fällt die Eroberung schnell in die Passivität zurück. Hier gilt, gut ist, was Frau gefällt.

Gesamtbewertung:

Die Gesamtbewertung stellt entweder einen Durchschnitt der einzelnen Bewertungskriterien oder eine subjektive Gesamtbewertung dar. Die Bewertungsskala reicht dabei von 1 bis 5 Punkte. Je höher, desto besser!

Kontinenten-Check:

Der Punkt Kontinenten-Check ermöglicht das Herkunftsland der Eroberungen zu verzeichnen und sich somit einen Überblick zu verschaffen. Während auf der Landkarte der jeweilige Ort angekreuzt werden kann, wird darunter festgehalten, um welchen Kontinent und um welches Land es sich handelt.

Inhaltsverzeichnis

Nummer	Name	Telefonnummer

01 _____

02 _____

03 _____

04 _____

05 _____

06 _____

07 _____

08 _____

09 _____

10 _____

11 _____

12 _____

13 _____

14 _____

15 _____

16 _____

17 _____

18 _____

19 _____

20 _____

Nummer	Name	Telefonnummer
21		
22		
23		
24		
25		
26		
27		
28		
29		
30		
31		
32		
33		
34		
35		
36		
37		
38		
39		
40		

Nummer	Name	Telefonnummer
41		
42		
43		
44		
45		
46		
47		
48		
49		
50		

Nr. 01/Name:_____

Telefonnr.:_____

Geburtstag:_____

Nationalität:_____

Frisur/Haarfarbe:_____

Körpergröße:_____

Körperbau:_____

Augenfarbe:_____

Kennenlerndatum/-ort/durch wen:_____

Beziehungsstatus:_____

Sliptyp:_____

Interessen:_____

Sexuelle Vorlieben:_____

_____

Bevorzugte Stellungen:_____

_____

Hübsche Freunde:_____

_____

Gefährliche Schnittmengen:_____

_____

FINAL CHECK

Aussehen: ‖   2   3   4   5

Alter: ‖   2   3   4   5

Körperpflege: ‖   2   3   4   5

Beziehungsstatus: ‖   2   3   4   5

Monetärer Status: ‖   2   3   4   5

Sexuelles Wissen: ‖   2   3   4   5

Bettfaktor: ‖   2   3   4   5

Aktivität/Passivität: ‖   2   3   4   5

Gesamtbewertung:

‖   2   3   4   5

Nr. 02/Name:_____

Telefonnr.:_____

Geburtstag:_____

Nationalität:_____

Frisur/Haarfarbe:_____

Körpergröße:_____

Körperbau:_____

Augenfarbe:_____

Kennenlerndatum/-ort/durch wen:_____

Beziehungsstatus:_____

Sliptyp:_____

Interessen:_____

Sexuelle Vorlieben:_____

_____

Bevorzugte Stellungen:_____

_____

Hübsche Freunde:_____

_____

Gefährliche Schnittmengen:_____

_____

FINAL CHECK

	1	2	3	4	5
Aussehen:	1	2	3	4	5
Alter:	1	2	3	4	5
Körperpflege:	1	2	3	4	5
Beziehungsstatus:	1	2	3	4	5
Monetärer Status:	1	2	3	4	5
Sexuelles Wissen:	1	2	3	4	5
Bettfaktor:	1	2	3	4	5
Aktivität/Passivität:	1	2	3	4	5

Gesamtbewertung:

1   2   3   4   5

Nr. 03/Name:_____

Telefonnr.:_____

Geburtstag:_____

Nationalität:_____

Frisur/Haarfarbe:_____

Körpergröße:_____

Körperbau:_____

Augenfarbe:_____

Kennenlerndatum/-ort/durch wen:_____

Beziehungsstatus:_____

Sliptyp:_____

Interessen:_____

Sexuelle Vorlieben:_____

_____

Bevorzugte Stellungen:_____

_____

Hübsche Freunde:_____

_____

Gefährliche Schnittmengen:_____

_____

FINAL CHECK

Aussehen:	1	2	3	4	5

Alter:	1	2	3	4	5

Körperpflege:	1	2	3	4	5

Beziehungsstatus:	1	2	3	4	5

Monetärer Status:	1	2	3	4	5

Sexuelles Wissen:	1	2	3	4	5

Bettfaktor:	1	2	3	4	5

Aktivität/Passivität:	1	2	3	4	5

Gesamtbewertung:

1   2   3   4   5

Nr. 04/Name:_____

Telefonnr.:_____

Geburtstag:_____

Nationalität:_____

Frisur/Haarfarbe:_____

Körpergröße:_____

Körperbau:_____

Augenfarbe:_____

Kennenlerndatum/-ort/durch wen:_____

Beziehungsstatus:_____

Sliptyp:_____

Interessen:_____

Sexuelle Vorlieben:_____

_____

Bevorzugte Stellungen:_____

_____

Hübsche Freunde:_____

_____

Gefährliche Schnittmengen:_____

_____

FINAL CHECK

Aussehen: 1   2   3   4   5

Alter: 1   2   3   4   5

Körperpflege: 1   2   3   4   5

Beziehungsstatus: 1   2   3   4   5

Monetärer Status: 1   2   3   4   5

Sexuelles Wissen: 1   2   3   4   5

Bettfaktor: 1   2   3   4   5

Aktivität/Passivität: 1   2   3   4   5

Gesamtbewertung:

    1   2   3   4   5

Nr. 05/Name:_____

Telefonnr.:_____

Geburtstag:_____

Nationalität:_____

Frisur/Haarfarbe:_____

Körpergröße:_____

Körperbau:_____

Augenfarbe:_____

Kennenlerndatum/-ort/durch wen:_____

Beziehungsstatus:_____

Sliptyp:_____

Interessen:_____

Sexuelle Vorlieben:_____

_____

Bevorzugte Stellungen:_____

_____

Hübsche Freunde:_____

_____

Gefährliche Schnittmengen:_____

_____

FINAL CHECK

Aussehen: 1   2   3   4   5

Alter: 1   2   3   4   5

Körperpflege: 1   2   3   4   5

Beziehungsstatus: 1   2   3   4   5

Monetärer Status: 1   2   3   4   5

Sexuelles Wissen: 1   2   3   4   5

Bettfaktor: 1   2   3   4   5

Aktivität/Passivität: 1   2   3   4   5

Gesamtbewertung:

1   2   3   4   5

Nr. 06/Name:_____

Telefonnr.:_____

Geburtstag:_____

Nationalität:_____

Frisur/Haarfarbe:_____

Körpergröße:_____

Körperbau:_____

Augenfarbe:_____

Kennenlerndatum/-ort/durch wen:_____

Beziehungsstatus:_____

Sliptyp:_____

Interessen:_____

Sexuelle Vorlieben:_____

_____

Bevorzugte Stellungen:_____

_____

Hübsche Freunde:_____

_____

Gefährliche Schnittmengen:_____

_____

FINAL CHECK

Aussehen: 1 2 3 4 5

Alter: 1 2 3 4 5

Körperpflege: 1 2 3 4 5

Beziehungsstatus: 1 2 3 4 5

Monetärer Status: 1 2 3 4 5

Sexuelles Wissen: 1 2 3 4 5

Bettfaktor: 1 2 3 4 5

Aktivität/Passivität: 1 2 3 4 5

Gesamtbewertung:

1 2 3 4 5

Nr. 07/Name:_____

Telefonnr.:_____

Geburtstag:_____

Nationalität:_____

Frisur/Haarfarbe:_____

Körpergröße:_____

Körperbau:_____

Augenfarbe:_____

Kennenlerndatum/-ort/durch wen:_____

Beziehungsstatus:_____

Sliptyp:_____

Interessen:_____

Sexuelle Vorlieben:_____

_____

Bevorzugte Stellungen:_____

_____

Hübsche Freunde:_____

_____

Gefährliche Schnittmengen:_____

_____

FINAL CHECK

Aussehen: 1   2   3   4   5

Alter: 1   2   3   4   5

Körperpflege: 1   2   3   4   5

Beziehungsstatus: 1   2   3   4   5

Monetärer Status: 1   2   3   4   5

Sexuelles Wissen: 1   2   3   4   5

Bettfaktor: 1   2   3   4   5

Aktivität/Passivität: 1   2   3   4   5

Gesamtbewertung:

1   2   3   4   5

Nr. 08/Name:_____

Telefonnr.:_____

Geburtstag:_____

Nationalität:_____

Frisur/Haarfarbe:_____

Körpergröße:_____

Körperbau:_____

Augenfarbe:_____

Kennenlerndatum/-ort/durch wen:_____

Beziehungsstatus:_____

Sliptyp:_____

Interessen:_____

Sexuelle Vorlieben:_____

_____

Bevorzugte Stellungen:_____

_____

Hübsche Freunde:_____

_____

Gefährliche Schnittmengen:_____

_____

FINAL CHECK

Aussehen: II   2   3   4   5

Alter: II   2   3   4   5

Körperpflege: II   2   3   4   5

Beziehungsstatus: II   2   3   4   5

Monetärer Status: II   2   3   4   5

Sexuelles Wissen: II   2   3   4   5

Bettfaktor: II   2   3   4   5

Aktivität/Passivität: II   2   3   4   5

Gesamtbewertung:

II   2   3   4   5

Nr. 09/Name:_____

Telefonnr.:_____

Geburtstag:_____

Nationalität:_____

Frisur/Haarfarbe:_____

Körpergröße:_____

Körperbau:_____

Augenfarbe:_____

Kennenlerndatum/-ort/durch wen:_____

Beziehungsstatus:_____

Sliptyp:_____

Interessen:_____

Sexuelle Vorlieben:_____

_____

Bevorzugte Stellungen:_____

_____

Hübsche Freunde:_____

_____

Gefährliche Schnittmengen:_____

_____

FINAL CHECK

Aussehen:	1	2	3	4	5
Alter:	1	2	3	4	5
Körperpflege:	1	2	3	4	5
Beziehungsstatus:	1	2	3	4	5
Monetärer Status:	1	2	3	4	5
Sexuelles Wissen:	1	2	3	4	5
Bettfaktor:	1	2	3	4	5
Aktivität/Passivität:	1	2	3	4	5

Gesamtbewertung:

1   2   3   4   5

Nr. 10/Name:_____

Telefonnr.:_____

Geburtstag:_____

Nationalität:_____

Frisur/Haarfarbe:_____

Körpergröße:_____

Körperbau:_____

Augenfarbe:_____

Kennenlerndatum/-ort/durch wen:_____

Beziehungsstatus:_____

Sliptyp:_____

Interessen:_____

Sexuelle Vorlieben:_____

_____

Bevorzugte Stellungen:_____

_____

Hübsche Freunde:_____

_____

Gefährliche Schnittmengen:_____

_____

FINAL CHECK

Aussehen:	1	2	3	4	5
Alter:	1	2	3	4	5
Körperpflege:	1	2	3	4	5
Beziehungsstatus:	1	2	3	4	5
Monetärer Status:	1	2	3	4	5
Sexuelles Wissen:	1	2	3	4	5
Bettfaktor:	1	2	3	4	5
Aktivität/Passivität:	1	2	3	4	5

Gesamtbewertung:

1	2	3	4	5

Nr. 11/Name:_____

Telefonnr.:_____

Geburtstag:_____

Nationalität:_____

Frisur/Haarfarbe:_____

Körpergröße:_____

Körperbau:_____

Augenfarbe:_____

Kennenlerndatum/-ort/durch wen:_____

Beziehungsstatus:_____

Sliptyp:_____

Interessen:_____

Sexuelle Vorlieben:_____

_____

Bevorzugte Stellungen:_____

_____

Hübsche Freunde:_____

_____

Gefährliche Schnittmengen:_____

_____

FINAL CHECK

Aussehen: 1   2   3   4   5

Alter: 1   2   3   4   5

Körperpflege: 1   2   3   4   5

Beziehungsstatus: 1   2   3   4   5

Monetärer Status: 1   2   3   4   5

Sexuelles Wissen: 1   2   3   4   5

Bettfaktor: 1   2   3   4   5

Aktivität/Passivität: 1   2   3   4   5

Gesamtbewertung:

1   2   3   4   5

Nr. 12/Name:_____

Telefonnr.:_____

Geburtstag:_____

Nationalität:_____

Frisur/Haarfarbe:_____

Körpergröße:_____

Körperbau:_____

Augenfarbe:_____

Kennenlerndatum/-ort/durch wen:_____

Beziehungsstatus:_____

Sliptyp:_____

Interessen:_____

Sexuelle Vorlieben:_____

_____

Bevorzugte Stellungen:_____

_____

Hübsche Freunde:_____

_____

Gefährliche Schnittmengen:_____

_____

FINAL CHECK

Aussehen: 1   2   3   4   5

Alter: 1   2   3   4   5

Körperpflege: 1   2   3   4   5

Beziehungsstatus: 1   2   3   4   5

Monetärer Status: 1   2   3   4   5

Sexuelles Wissen: 1   2   3   4   5

Bettfaktor: 1   2   3   4   5

Aktivität/Passivität: 1   2   3   4   5

Gesamtbewertung:

   1   2   3   4   5

Nr. 13/Name:_____

Telefonnr.:_____

Geburtstag:_____

Nationalität:_____

Frisur/Haarfarbe:_____

Körpergröße:_____

Körperbau:_____

Augenfarbe:_____

Kennenlerndatum/-ort/durch wen:_____

Beziehungsstatus:_____

Sliptyp:_____

Interessen:_____

Sexuelle Vorlieben:_____

_____

Bevorzugte Stellungen:_____

_____

Hübsche Freunde:_____

_____

Gefährliche Schnittmengen:_____

_____

FINAL CHECK

Aussehen: ‖   2   3   4   5

Alter: ‖   2   3   4   5

Körperpflege: ‖   2   3   4   5

Beziehungsstatus: ‖   2   3   4   5

Monetärer Status: ‖   2   3   4   5

Sexuelles Wissen: ‖   2   3   4   5

Bettfaktor: ‖   2   3   4   5

Aktivität/Passivität: ‖   2   3   4   5

Gesamtbewertung:

‖   2   3   4   5

Nr. 14/Name:_____

Telefonnr.:_____

Geburtstag:_____

Nationalität:_____

Frisur/Haarfarbe:_____

Körpergröße:_____

Körperbau:_____

Augenfarbe:_____

Kennenlerndatum/-ort/durch wen:_____

Beziehungsstatus:_____

Sliptyp:_____

Interessen:_____

Sexuelle Vorlieben:_____

_____

Bevorzugte Stellungen:_____

_____

Hübsche Freunde:_____

_____

Gefährliche Schnittmengen:_____

_____

FINAL CHECK

Aussehen: ‖   2   3   4   5

Alter: ‖   2   3   4   5

Körperpflege: ‖   2   3   4   5

Beziehungsstatus: ‖   2   3   4   5

Monetärer Status: ‖   2   3   4   5

Sexuelles Wissen: ‖   2   3   4   5

Bettfaktor: ‖   2   3   4   5

Aktivität/Passivität: ‖   2   3   4   5

Gesamtbewertung:

‖   2   3   4   5

Nr. 15/Name:_____

Telefonnr.:_____

Geburtstag:_____

Nationalität:_____

Frisur/Haarfarbe:_____

Körpergröße:_____

Körperbau:_____

Augenfarbe:_____

Kennenlerndatum/-ort/durch wen:_____

Beziehungsstatus:_____

Sliptyp:_____

Interessen:_____

Sexuelle Vorlieben:_____

_____

Bevorzugte Stellungen:_____

_____

Hübsche Freunde:_____

_____

Gefährliche Schnittmengen:_____

_____

FINAL CHECK

Aussehen: 1   2   3   4   5

Alter: 1   2   3   4   5

Körperpflege: 1   2   3   4   5

Beziehungsstatus: 1   2   3   4   5

Monetärer Status: 1   2   3   4   5

Sexuelles Wissen: 1   2   3   4   5

Bettfaktor: 1   2   3   4   5

Aktivität/Passivität: 1   2   3   4   5

Gesamtbewertung:

1   2   3   4   5

Nr. 16/Name:_____

Telefonnr.:_____

Geburtstag:_____

Nationalität:_____

Frisur/Haarfarbe:_____

Körpergröße:_____

Körperbau:_____

Augenfarbe:_____

Kennenlerndatum/-ort/durch wen:_____

Beziehungsstatus:_____

Sliptyp:_____

Interessen:_____

Sexuelle Vorlieben:_____

_____

Bevorzugte Stellungen:_____

_____

Hübsche Freunde:_____

_____

Gefährliche Schnittmengen:_____

_____

FINAL CHECK

Aussehen: 1   2   3   4   5

Alter: 1   2   3   4   5

Körperpflege: 1   2   3   4   5

Beziehungsstatus: 1   2   3   4   5

Monetärer Status: 1   2   3   4   5

Sexuelles Wissen: 1   2   3   4   5

Bettfaktor: 1   2   3   4   5

Aktivität/Passivität: 1   2   3   4   5

Gesamtbewertung:

1   2   3   4   5

Nr. 77/Name:_____

Telefonnr.:_____

Geburtstag:_____

Nationalität:_____

Frisur/Haarfarbe:_____

Körpergröße:_____

Körperbau:_____

Augenfarbe:_____

Kennenlerndatum/-ort/durch wen:_____

Beziehungsstatus:_____

Sliptyp:_____

Interessen:_____

Sexuelle Vorlieben:_____

_____

Bevorzugte Stellungen:_____

_____

Hübsche Freunde:_____

_____

Gefährliche Schnittmengen:_____

_____

FINAL CHECK

Aussehen: II   2   3   4   5

Alter: II   2   3   4   5

Körperpflege: II   2   3   4   5

Beziehungsstatus: II   2   3   4   5

Monetärer Status: II   2   3   4   5

Sexuelles Wissen: II   2   3   4   5

Bettfaktor: II   2   3   4   5

Aktivität/Passivität: II   2   3   4   5

Gesamtbewertung:

II   2   3   4   5

Nr. 18/Name:_____

Telefonnr.:_____

Geburtstag:_____

Nationalität:_____

Frisur/Haarfarbe:_____

Körpergröße:_____

Körperbau:_____

Augenfarbe:_____

Kennenlerndatum/-ort/durch wen:_____

Beziehungsstatus:_____

Sliptyp:_____

Interessen:_____

Sexuelle Vorlieben:_____

_____

Bevorzugte Stellungen:_____

_____

Hübsche Freunde:_____

_____

Gefährliche Schnittmengen:_____

_____

FINAL CHECK

Aussehen: 1   2   3   4   5

Alter: 1   2   3   4   5

Körperpflege: 1   2   3   4   5

Beziehungsstatus: 1   2   3   4   5

Monetärer Status: 1   2   3   4   5

Sexuelles Wissen: 1   2   3   4   5

Bettfaktor: 1   2   3   4   5

Aktivität/Passivität: 1   2   3   4   5

Gesamtbewertung:

1   2   3   4   5

Nr. 19/Name:_____

Telefonnr.:_____

Geburtstag:_____

Nationalität:_____

Frisur/Haarfarbe:_____

Körpergröße:_____

Körperbau:_____

Augenfarbe:_____

Kennenlerndatum/-ort/durch wen:_____

Beziehungsstatus:_____

Sliptyp:_____

Interessen:_____

Sexuelle Vorlieben:_____

_____

Bevorzugte Stellungen:_____

_____

Hübsche Freunde:_____

_____

Gefährliche Schnittmengen:_____

_____

FINAL CHECK

Aussehen: ‖   2   3   4   5

Alter: ‖   2   3   4   5

Körperpflege: ‖   2   3   4   5

Beziehungsstatus: ‖   2   3   4   5

Monetärer Status: ‖   2   3   4   5

Sexuelles Wissen: ‖   2   3   4   5

Bettfaktor: ‖   2   3   4   5

Aktivität/Passivität: ‖   2   3   4   5

Gesamtbewertung:

‖   2   3   4   5

Nr. 20/Name:_____

Telefonnr.:_____

Geburtstag:_____

Nationalität:_____

Frisur/Haarfarbe:_____

Körpergröße:_____

Körperbau:_____

Augenfarbe:_____

Kennenlerndatum/-ort/durch wen:_____

Beziehungsstatus:_____

Sliptyp:_____

Interessen:_____

Sexuelle Vorlieben:_____

_____

Bevorzugte Stellungen:_____

_____

Hübsche Freunde:_____

_____

Gefährliche Schnittmengen:_____

_____

FINAL CHECK

Aussehen: 1   2   3   4   5

Alter: 1   2   3   4   5

Körperpflege: 1   2   3   4   5

Beziehungsstatus: 1   2   3   4   5

Monetärer Status: 1   2   3   4   5

Sexuelles Wissen: 1   2   3   4   5

Bettfaktor: 1   2   3   4   5

Aktivität/Passivität: 1   2   3   4   5

Gesamtbewertung:

1   2   3   4   5

Nr. 21/Name:_____

Telefonnr.:_____

Geburtstag:_____

Nationalität:_____

Frisur/Haarfarbe:_____

Körpergröße:_____

Körperbau:_____

Augenfarbe:_____

Kennenlerndatum/-ort/durch wen:_____

Beziehungsstatus:_____

Sliptyp:_____

Interessen:_____

Sexuelle Vorlieben:_____

_____

Bevorzugte Stellungen:_____

_____

Hübsche Freunde:_____

_____

Gefährliche Schnittmengen:_____

_____

FINAL CHECK

Aussehen: 1   2   3   4   5

Alter: 1   2   3   4   5

Körperpflege: 1   2   3   4   5

Beziehungsstatus: 1   2   3   4   5

Monetärer Status: 1   2   3   4   5

Sexuelles Wissen: 1   2   3   4   5

Bettfaktor: 1   2   3   4   5

Aktivität/Passivität: 1   2   3   4   5

Gesamtbewertung:

1   2   3   4   5

Nr. 22/Name:_____

Telefonnr.:_____

Geburtstag:_____

Nationalität:_____

Frisur/Haarfarbe:_____

Körpergröße:_____

Körperbau:_____

Augenfarbe:_____

Kennenlerndatum/-ort/durch wen:_____

Beziehungsstatus:_____

Sliptyp:_____

Interessen:_____

Sexuelle Vorlieben:_____

_____

Bevorzugte Stellungen:_____

_____

Hübsche Freunde:_____

_____

Gefährliche Schnittmengen:_____

_____

FINAL CHECK

Aussehen: 1   2   3   4   5

Alter: 1   2   3   4   5

Körperpflege: 1   2   3   4   5

Beziehungsstatus: 1   2   3   4   5

Monetärer Status: 1   2   3   4   5

Sexuelles Wissen: 1   2   3   4   5

Bettfaktor: 1   2   3   4   5

Aktivität/Passivität: 1   2   3   4   5

Gesamtbewertung:

1   2   3   4   5

Nr. 23/Name:_____

Telefonnr.:_____

Geburtstag:_____

Nationalität:_____

Frisur/Haarfarbe:_____

Körpergröße:_____

Körperbau:_____

Augenfarbe:_____

Kennenlerndatum/-ort/durch wen:_____

Beziehungsstatus:_____

Sliptyp:_____

Interessen:_____

Sexuelle Vorlieben:_____

_____

Bevorzugte Stellungen:_____

_____

Hübsche Freunde:_____

_____

Gefährliche Schnittmengen:_____

_____

FINAL CHECK

Aussehen: 1   2   3   4   5

Alter: 1   2   3   4   5

Körperpflege: 1   2   3   4   5

Beziehungsstatus: 1   2   3   4   5

Monetärer Status: 1   2   3   4   5

Sexuelles Wissen: 1   2   3   4   5

Bettfaktor: 1   2   3   4   5

Aktivität/Passivität: 1   2   3   4   5

Gesamtbewertung:

1   2   3   4   5

Nr. 24/Name:_____

Telefonnr.:_____

Geburtstag:_____

Nationalität:_____

Frisur/Haarfarbe:_____

Körpergröße:_____

Körperbau:_____

Augenfarbe:_____

Kennenlerndatum/-ort/durch wen:_____

Beziehungsstatus:_____

Sliptyp:_____

Interessen:_____

Sexuelle Vorlieben:_____

_____

Bevorzugte Stellungen:_____

_____

Hübsche Freunde:_____

_____

Gefährliche Schnittmengen:_____

_____

FINAL CHECK

Aussehen: 1   2   3   4   5

Alter: 1   2   3   4   5

Körperpflege: 1   2   3   4   5

Beziehungsstatus: 1   2   3   4   5

Monetärer Status: 1   2   3   4   5

Sexuelles Wissen: 1   2   3   4   5

Bettfaktor: 1   2   3   4   5

Aktivität/Passivität: 1   2   3   4   5

Gesamtbewertung:

1   2   3   4   5

Nr. 25/Name:_____

Telefonnr.:_____

Geburtstag:_____

Nationalität:_____

Frisur/Haarfarbe:_____

Körpergröße:_____

Körperbau:_____

Augenfarbe:_____

Kennenlerndatum/-ort/durch wen:_____

Beziehungsstatus:_____

Sliptyp:_____

Interessen:_____

Sexuelle Vorlieben:_____

_____

Bevorzugte Stellungen:_____

_____

Hübsche Freunde:_____

_____

Gefährliche Schnittmengen:_____

_____

FINAL CHECK

Aussehen:　　　　　　　1　2　3　4　5

Alter:　　　　　　　　　1　2　3　4　5

Körperpflege:　　　　　1　2　3　4　5

Beziehungsstatus:　　　1　2　3　4　5

Monetärer Status:　　　1　2　3　4　5

Sexuelles Wissen:　　　1　2　3　4　5

Bettfaktor:　　　　　　1　2　3　4　5

Aktivität/Passivität:　　1　2　3　4　5

Gesamtbewertung:

1　　　2　　　3　　　4　　　5

Nr. 26/Name:_____

Telefonnr.:_____

Geburtstag:_____

Nationalität:_____

Frisur/Haarfarbe:_____

Körpergröße:_____

Körperbau:_____

Augenfarbe:_____

Kennenlerndatum/-ort/durch wen:_____

Beziehungsstatus:_____

Sliptyp:_____

Interessen:_____

Sexuelle Vorlieben:_____

_____

Bevorzugte Stellungen:_____

_____

Hübsche Freunde:_____

_____

Gefährliche Schnittmengen:_____

_____

FINAL CHECK

Aussehen: II   2   3   4   5

Alter: II   2   3   4   5

Körperpflege: II   2   3   4   5

Beziehungsstatus: II   2   3   4   5

Monetärer Status: II   2   3   4   5

Sexuelles Wissen: II   2   3   4   5

Bettfaktor: II   2   3   4   5

Aktivität/Passivität: II   2   3   4   5

Gesamtbewertung:

II   2   3   4   5

Nr. 27/Name:_____

Telefonnr.:_____

Geburtstag:_____

Nationalität:_____

Frisur/Haarfarbe:_____

Körpergröße:_____

Körperbau:_____

Augenfarbe:_____

Kennenlerndatum/-ort/durch wen:_____

Beziehungsstatus:_____

Sliptyp:_____

Interessen:_____

Sexuelle Vorlieben:_____

_____

Bevorzugte Stellungen:_____

_____

Hübsche Freunde:_____

_____

Gefährliche Schnittmengen:_____

_____

FINAL CHECK

Aussehen: 1   2   3   4   5

Alter: 1   2   3   4   5

Körperpflege: 1   2   3   4   5

Beziehungsstatus: 1   2   3   4   5

Monetärer Status: 1   2   3   4   5

Sexuelles Wissen: 1   2   3   4   5

Bettfaktor: 1   2   3   4   5

Aktivität/Passivität: 1   2   3   4   5

Gesamtbewertung:

1   2   3   4   5

Nr. 28/Name:_____

Telefonnr.:_____

Geburtstag:_____

Nationalität:_____

Frisur/Haarfarbe:_____

Körpergröße:_____

Körperbau:_____

Augenfarbe:_____

Kennenlerndatum/-ort/durch wen:_____

Beziehungsstatus:_____

Sliptyp:_____

Interessen:_____

Sexuelle Vorlieben:_____

_____

Bevorzugte Stellungen:_____

_____

Hübsche Freunde:_____

_____

Gefährliche Schnittmengen:_____

_____

FINAL CHECK

Aussehen: 1   2   3   4   5

Alter: 1   2   3   4   5

Körperpflege: 1   2   3   4   5

Beziehungsstatus: 1   2   3   4   5

Monetärer Status: 1   2   3   4   5

Sexuelles Wissen: 1   2   3   4   5

Bettfaktor: 1   2   3   4   5

Aktivität/Passivität: 1   2   3   4   5

Gesamtbewertung:

     1   2   3   4   5

Nr. 29/Name:_____

Telefonnr.:_____

Geburtstag:_____

Nationalität:_____

Frisur/Haarfarbe:_____

Körpergröße:_____

Körperbau:_____

Augenfarbe:_____

Kennenlerndatum/-ort/durch wen:_____

Beziehungsstatus:_____

Sliptyp:_____

Interessen:_____

Sexuelle Vorlieben:_____

_____

Bevorzugte Stellungen:_____

_____

Hübsche Freunde:_____

_____

Gefährliche Schnittmengen:_____

_____

FINAL CHECK

Aussehen: 1   2   3   4   5

Alter: 1   2   3   4   5

Körperpflege: 1   2   3   4   5

Beziehungsstatus: 1   2   3   4   5

Monetärer Status: 1   2   3   4   5

Sexuelles Wissen: 1   2   3   4   5

Bettfaktor: 1   2   3   4   5

Aktivität/Passivität: 1   2   3   4   5

Gesamtbewertung:

1   2   3   4   5

Nr. 30/Name:_____

Telefonnr.:_____

Geburtstag:_____

Nationalität:_____

Frisur/Haarfarbe:_____

Körpergröße:_____

Körperbau:_____

Augenfarbe:_____

Kennenlerndatum/-ort/durch wen:_____

Beziehungsstatus:_____

Sliptyp:_____

Interessen:_____

Sexuelle Vorlieben:_____

_____

Bevorzugte Stellungen:_____

_____

Hübsche Freunde:_____

_____

Gefährliche Schnittmengen:_____

_____

FINAL CHECK

Aussehen: ‖   2   3   4   5

Alter: ‖   2   3   4   5

Körperpflege: ‖   2   3   4   5

Beziehungsstatus: ‖   2   3   4   5

Monetärer Status: ‖   2   3   4   5

Sexuelles Wissen: ‖   2   3   4   5

Bettfaktor: ‖   2   3   4   5

Aktivität/Passivität: ‖   2   3   4   5

Gesamtbewertung:

‖   2   3   4   5

Nr. 31/Name:_____

Telefonnr.:_____

Geburtstag:_____

Nationalität:_____

Frisur/Haarfarbe:_____

Körpergröße:_____

Körperbau:_____

Augenfarbe:_____

Kennenlerndatum/-ort/durch wen:_____

Beziehungsstatus:_____

Sliptyp:_____

Interessen:_____

Sexuelle Vorlieben:_____

_____

Bevorzugte Stellungen:_____

_____

Hübsche Freunde:_____

_____

Gefährliche Schnittmengen:_____

_____

FINAL CHECK

Aussehen: 1   2   3   4   5

Alter: 1   2   3   4   5

Körperpflege: 1   2   3   4   5

Beziehungsstatus: 1   2   3   4   5

Monetärer Status: 1   2   3   4   5

Sexuelles Wissen: 1   2   3   4   5

Bettfaktor: 1   2   3   4   5

Aktivität/Passivität: 1   2   3   4   5

Gesamtbewertung:

1   2   3   4   5

Nr. 32/Name:_____

Telefonnr.:_____

Geburtstag:_____

Nationalität:_____

Frisur/Haarfarbe:_____

Körpergröße:_____

Körperbau:_____

Augenfarbe:_____

Kennenlerndatum/-ort/durch wen:_____

Beziehungsstatus:_____

Sliptyp:_____

Interessen:_____

Sexuelle Vorlieben:_____

_____

Bevorzugte Stellungen:_____

_____

Hübsche Freunde:_____

_____

Gefährliche Schnittmengen:_____

_____

FINAL CHECK

Aussehen: 1   2   3   4   5

Alter: 1   2   3   4   5

Körperpflege: 1   2   3   4   5

Beziehungsstatus: 1   2   3   4   5

Monetärer Status: 1   2   3   4   5

Sexuelles Wissen: 1   2   3   4   5

Bettfaktor: 1   2   3   4   5

Aktivität/Passivität: 1   2   3   4   5

Gesamtbewertung:

1   2   3   4   5

Nr. 33/Name:_____

Telefonnr.:_____

Geburtstag:_____

Nationalität:_____

Frisur/Haarfarbe:_____

Körpergröße:_____

Körperbau:_____

Augenfarbe:_____

Kennenlerndatum/-ort/durch wen:_____

Beziehungsstatus:_____

Sliptyp:_____

Interessen:_____

Sexuelle Vorlieben:_____

_____

Bevorzugte Stellungen:_____

_____

Hübsche Freunde:_____

_____

Gefährliche Schnittmengen:_____

_____

FINAL CHECK

Aussehen: ‖   2   3   4   5

Alter: ‖   2   3   4   5

Körperpflege: ‖   2   3   4   5

Beziehungsstatus: ‖   2   3   4   5

Monetärer Status: ‖   2   3   4   5

Sexuelles Wissen: ‖   2   3   4   5

Bettfaktor: ‖   2   3   4   5

Aktivität/Passivität: ‖   2   3   4   5

Gesamtbewertung:

‖   2   3   4   5

Nr. 34/Name:_____

Telefonnr.:_____

Geburtstag:_____

Nationalität:_____

Frisur/Haarfarbe:_____

Körpergröße:_____

Körperbau:_____

Augenfarbe:_____

Kennenlerndatum/-ort/durch wen:_____

Beziehungsstatus:_____

Sliptyp:_____

Interessen:_____

Sexuelle Vorlieben:_____

_____

Bevorzugte Stellungen:_____

_____

Hübsche Freunde:_____

_____

Gefährliche Schnittmengen:_____

_____

FINAL CHECK

Aussehen: ‖   2   3   4   5

Alter: ‖   2   3   4   5

Körperpflege: ‖   2   3   4   5

Beziehungsstatus: ‖   2   3   4   5

Monetärer Status: ‖   2   3   4   5

Sexuelles Wissen: ‖   2   3   4   5

Bettfaktor: ‖   2   3   4   5

Aktivität/Passivität: ‖   2   3   4   5

Gesamtbewertung:

‖   2   3   4   5

Nr. 35/Name:_____

Telefonnr.:_____

Geburtstag:_____

Nationalität:_____

Frisur/Haarfarbe:_____

Körpergröße:_____

Körperbau:_____

Augenfarbe:_____

Kennenlerndatum/-ort/durch wen:_____

Beziehungsstatus:_____

Sliptyp:_____

Interessen:_____

Sexuelle Vorlieben:_____

_____

Bevorzugte Stellungen:_____

_____

Hübsche Freunde:_____

_____

Gefährliche Schnittmengen:_____

_____

FINAL CHECK

Aussehen: 1   2   3   4   5

Alter: 1   2   3   4   5

Körperpflege: 1   2   3   4   5

Beziehungsstatus: 1   2   3   4   5

Monetärer Status: 1   2   3   4   5

Sexuelles Wissen: 1   2   3   4   5

Bettfaktor: 1   2   3   4   5

Aktivität/Passivität: 1   2   3   4   5

Gesamtbewertung:

     1   2   3   4   5

Nr. 36/Name:_____

Telefonnr.:_____

Geburtstag:_____

Nationalität:_____

Frisur/Haarfarbe:_____

Körpergröße:_____

Körperbau:_____

Augenfarbe:_____

Kennenlerndatum/-ort/durch wen:_____

Beziehungsstatus:_____

Sliptyp:_____

Interessen:_____

Sexuelle Vorlieben:_____

_____

Bevorzugte Stellungen:_____

_____

Hübsche Freunde:_____

_____

Gefährliche Schnittmengen:_____

_____

FINAL CHECK

Aussehen: 1   2   3   4   5

Alter: 1   2   3   4   5

Körperpflege: 1   2   3   4   5

Beziehungsstatus: 1   2   3   4   5

Monetärer Status: 1   2   3   4   5

Sexuelles Wissen: 1   2   3   4   5

Bettfaktor: 1   2   3   4   5

Aktivität/Passivität: 1   2   3   4   5

Gesamtbewertung:

1   2   3   4   5

Nr. 37/Name:_____

Telefonnr.:_____

Geburtstag:_____

Nationalität:_____

Frisur/Haarfarbe:_____

Körpergröße:_____

Körperbau:_____

Augenfarbe:_____

Kennenlerndatum/-ort/durch wen:_____

Beziehungsstatus:_____

Sliptyp:_____

Interessen:_____

Sexuelle Vorlieben:_____

_____

Bevorzugte Stellungen:_____

_____

Hübsche Freunde:_____

_____

Gefährliche Schnittmengen:_____

_____

FINAL CHECK

Aussehen: ‖   2   3   4   5

Alter: ‖   2   3   4   5

Körperpflege: ‖   2   3   4   5

Beziehungsstatus: ‖   2   3   4   5

Monetärer Status: ‖   2   3   4   5

Sexuelles Wissen: ‖   2   3   4   5

Bettfaktor: ‖   2   3   4   5

Aktivität/Passivität: ‖   2   3   4   5

Gesamtbewertung:

‖   2   3   4   5

Nr. 38/Name:_____

Telefonnr.:_____

Geburtstag:_____

Nationalität:_____

Frisur/Haarfarbe:_____

Körpergröße:_____

Körperbau:_____

Augenfarbe:_____

Kennenlerndatum/-ort/durch wen:_____

Beziehungsstatus:_____

Sliptyp:_____

Interessen:_____

Sexuelle Vorlieben:_____

_____

Bevorzugte Stellungen:_____

_____

Hübsche Freunde:_____

_____

Gefährliche Schnittmengen:_____

_____

FINAL CHECK

Aussehen: 1   2   3   4   5

Alter: 1   2   3   4   5

Körperpflege: 1   2   3   4   5

Beziehungsstatus: 1   2   3   4   5

Monetärer Status: 1   2   3   4   5

Sexuelles Wissen: 1   2   3   4   5

Bettfaktor: 1   2   3   4   5

Aktivität/Passivität: 1   2   3   4   5

Gesamtbewertung:

1   2   3   4   5

Nr. 39/Name:_____

Telefonnr.:_____

Geburtstag:_____

Nationalität:_____

Frisur/Haarfarbe:_____

Körpergröße:_____

Körperbau:_____

Augenfarbe:_____

Kennenlerndatum/-ort/durch wen:_____

Beziehungsstatus:_____

Sliptyp:_____

Interessen:_____

Sexuelle Vorlieben:_____

_____

Bevorzugte Stellungen:_____

_____

Hübsche Freunde:_____

_____

Gefährliche Schnittmengen:_____

_____

FINAL CHECK

Aussehen: 1 2 3 4 5

Alter: 1 2 3 4 5

Körperpflege: 1 2 3 4 5

Beziehungsstatus: 1 2 3 4 5

Monetärer Status: 1 2 3 4 5

Sexuelles Wissen: 1 2 3 4 5

Bettfaktor: 1 2 3 4 5

Aktivität/Passivität: 1 2 3 4 5

Gesamtbewertung:

1   2   3   4   5

Nr. 40/Name:_____

Telefonnr.:_____

Geburtstag:_____

Nationalität:_____

Frisur/Haarfarbe:_____

Körpergröße:_____

Körperbau:_____

Augenfarbe:_____

Kennenlerndatum/-ort/durch wen:_____

Beziehungsstatus:_____

Sliptyp:_____

Interessen:_____

Sexuelle Vorlieben:_____

_____

Bevorzugte Stellungen:_____

_____

Hübsche Freunde:_____

_____

Gefährliche Schnittmengen:_____

_____

FINAL CHECK

Aussehen: | 2 3 4 5

Alter: | 2 3 4 5

Körperpflege: | 2 3 4 5

Beziehungsstatus: | 2 3 4 5

Monetärer Status: | 2 3 4 5

Sexuelles Wissen: | 2 3 4 5

Bettfaktor: | 2 3 4 5

Aktivität/Passivität: | 2 3 4 5

Gesamtbewertung:

| 2 3 4 5

Nr. 41/Name:_____

Telefonnr.:_____

Geburtstag:_____

Nationalität:_____

Frisur/Haarfarbe:_____

Körpergröße:_____

Körperbau:_____

Augenfarbe:_____

Kennenlerndatum/-ort/durch wen:_____

Beziehungsstatus:_____

Sliptyp:_____

Interessen:_____

Sexuelle Vorlieben:_____

_____

Bevorzugte Stellungen:_____

_____

Hübsche Freunde:_____

_____

Gefährliche Schnittmengen:_____

_____

FINAL CHECK

Aussehen: ‖   2   3   4   5

Alter: ‖   2   3   4   5

Körperpflege: ‖   2   3   4   5

Beziehungsstatus: ‖   2   3   4   5

Monetärer Status: ‖   2   3   4   5

Sexuelles Wissen: ‖   2   3   4   5

Bettfaktor: ‖   2   3   4   5

Aktivität/Passivität: ‖   2   3   4   5

Gesamtbewertung:

‖   2   3   4   5

Nr. 42/Name:_____

Telefonnr.:_____

Geburtstag:_____

Nationalität:_____

Frisur/Haarfarbe:_____

Körpergröße:_____

Körperbau:_____

Augenfarbe:_____

Kennenlerndatum/-ort/durch wen:_____

Beziehungsstatus:_____

Sliptyp:_____

Interessen:_____

Sexuelle Vorlieben:_____

_____

Bevorzugte Stellungen:_____

_____

Hübsche Freunde:_____

_____

Gefährliche Schnittmengen:_____

_____

FINAL CHECK

Aussehen: ‖   2   3   4   5

Alter: ‖   2   3   4   5

Körperpflege: ‖   2   3   4   5

Beziehungsstatus: ‖   2   3   4   5

Monetärer Status: ‖   2   3   4   5

Sexuelles Wissen: ‖   2   3   4   5

Bettfaktor: ‖   2   3   4   5

Aktivität/Passivität: ‖   2   3   4   5

Gesamtbewertung:

     ‖   2   3   4   5

Nr. 43/Name:_____

Telefonnr.:_____

Geburtstag:_____

Nationalität:_____

Frisur/Haarfarbe:_____

Körpergröße:_____

Körperbau:_____

Augenfarbe:_____

Kennenlerndatum/-ort/durch wen:_____

Beziehungsstatus:_____

Sliptyp:_____

Interessen:_____

Sexuelle Vorlieben:_____

_____

Bevorzugte Stellungen:_____

_____

Hübsche Freunde:_____

_____

Gefährliche Schnittmengen:_____

_____

FINAL CHECK

Aussehen: 1   2   3   4   5

Alter: 1   2   3   4   5

Körperpflege: 1   2   3   4   5

Beziehungsstatus: 1   2   3   4   5

Monetärer Status: 1   2   3   4   5

Sexuelles Wissen: 1   2   3   4   5

Bettfaktor: 1   2   3   4   5

Aktivität/Passivität: 1   2   3   4   5

Gesamtbewertung:

1   2   3   4   5

Nr. 44/Name:_____

Telefonnr.:_____

Geburtstag:_____

Nationalität:_____

Frisur/Haarfarbe:_____

Körpergröße:_____

Körperbau:_____

Augenfarbe:_____

Kennenlerndatum/-ort/durch wen:_____

Beziehungsstatus:_____

Sliptyp:_____

Interessen:_____

Sexuelle Vorlieben:_____

_____

Bevorzugte Stellungen:_____

_____

Hübsche Freunde:_____

_____

Gefährliche Schnittmengen:_____

_____

FINAL CHECK

Aussehen: 1   2   3   4   5

Alter: 1   2   3   4   5

Körperpflege: 1   2   3   4   5

Beziehungsstatus: 1   2   3   4   5

Monetärer Status: 1   2   3   4   5

Sexuelles Wissen: 1   2   3   4   5

Bettfaktor: 1   2   3   4   5

Aktivität/Passivität: 1   2   3   4   5

Gesamtbewertung:

1   2   3   4   5

Nr. 45/Name:_____

Telefonnr.:_____

Geburtstag:_____

Nationalität:_____

Frisur/Haarfarbe:_____

Körpergröße:_____

Körperbau:_____

Augenfarbe:_____

Kennenlerndatum/-ort/durch wen:_____

Beziehungsstatus:_____

Sliptyp:_____

Interessen:_____

Sexuelle Vorlieben:_____

_____

Bevorzugte Stellungen:_____

_____

Hübsche Freunde:_____

_____

Gefährliche Schnittmengen:_____

_____

FINAL CHECK

	1	2	3	4	5
Aussehen:					
Alter:					
Körperpflege:					
Beziehungsstatus:					
Monetärer Status:					
Sexuelles Wissen:					
Bettfaktor:					
Aktivität/Passivität:					

Gesamtbewertung:

   1   2   3   4   5

Nr. 46/Name:_____

Telefonnr.:_____

Geburtstag:_____

Nationalität:_____

Frisur/Haarfarbe:_____

Körpergröße:_____

Körperbau:_____

Augenfarbe:_____

Kennenlerndatum/-ort/durch wen:_____

Beziehungsstatus:_____

Sliptyp:_____

Interessen:_____

Sexuelle Vorlieben:_____

_____

Bevorzugte Stellungen:_____

_____

Hübsche Freunde:_____

_____

Gefährliche Schnittmengen:_____

_____

FINAL CHECK

Aussehen:	1	2	3	4	5
Alter:	1	2	3	4	5
Körperpflege:	1	2	3	4	5
Beziehungsstatus:	1	2	3	4	5
Monetärer Status:	1	2	3	4	5
Sexuelles Wissen:	1	2	3	4	5
Bettfaktor:	1	2	3	4	5
Aktivität/Passivität:	1	2	3	4	5

Gesamtbewertung:

1	2	3	4	5

Nr. 47/Name:_____

Telefonnr.:_____

Geburtstag:_____

Nationalität:_____

Frisur/Haarfarbe:_____

Körpergröße:_____

Körperbau:_____

Augenfarbe:_____

Kennenlerndatum/-ort/durch wen:_____

Beziehungsstatus:_____

Sliptyp:_____

Interessen:_____

Sexuelle Vorlieben:_____

_____

Bevorzugte Stellungen:_____

_____

Hübsche Freunde:_____

_____

Gefährliche Schnittmengen:_____

_____

FINAL CHECK

Aussehen: 1   2   3   4   5

Alter: 1   2   3   4   5

Körperpflege: 1   2   3   4   5

Beziehungsstatus: 1   2   3   4   5

Monetärer Status: 1   2   3   4   5

Sexuelles Wissen: 1   2   3   4   5

Bettfaktor: 1   2   3   4   5

Aktivität/Passivität: 1   2   3   4   5

Gesamtbewertung:

1   2   3   4   5

Nr. 48/Name:_____

Telefonnr.:_____

Geburtstag:_____

Nationalität:_____

Frisur/Haarfarbe:_____

Körpergröße:_____

Körperbau:_____

Augenfarbe:_____

Kennenlerndatum/-ort/durch wen:_____

Beziehungsstatus:_____

Sliptyp:_____

Interessen:_____

Sexuelle Vorlieben:_____

_____

Bevorzugte Stellungen:_____

_____

Hübsche Freunde:_____

_____

Gefährliche Schnittmengen:_____

_____

FINAL CHECK

Aussehen: 1 2 3 4 5

Alter: 1 2 3 4 5

Körperpflege: 1 2 3 4 5

Beziehungsstatus: 1 2 3 4 5

Monetärer Status: 1 2 3 4 5

Sexuelles Wissen: 1 2 3 4 5

Bettfaktor: 1 2 3 4 5

Aktivität/Passivität: 1 2 3 4 5

Gesamtbewertung:

1   2   3   4   5

Nr. 49/Name:_____

Telefonnr.:_____

Geburtstag:_____

Nationalität:_____

Frisur/Haarfarbe:_____

Körpergröße:_____

Körperbau:_____

Augenfarbe:_____

Kennenlerndatum/-ort/durch wen:_____

Beziehungsstatus:_____

Sliptyp:_____

Interessen:_____

Sexuelle Vorlieben:_____

_____

Bevorzugte Stellungen:_____

_____

Hübsche Freunde:_____

_____

Gefährliche Schnittmengen:_____

_____

FINAL CHECK

Aussehen:	1	2	3	4	5
Alter:	1	2	3	4	5
Körperpflege:	1	2	3	4	5
Beziehungsstatus:	1	2	3	4	5
Monetärer Status:	1	2	3	4	5
Sexuelles Wissen:	1	2	3	4	5
Bettfaktor:	1	2	3	4	5
Aktivität/Passivität:	1	2	3	4	5

Gesamtbewertung:

1	2	3	4	5

Nr. 50/Name:_____

Telefonnr.:_____

Geburtstag:_____

Nationalität:_____

Frisur/Haarfarbe:_____

Körpergröße:_____

Körperbau:_____

Augenfarbe:_____

Kennenlerndatum/-ort/durch wen:_____

Beziehungsstatus:_____

Sliptyp:_____

Interessen:_____

Sexuelle Vorlieben:_____

_____

Bevorzugte Stellungen:_____

_____

Hübsche Freunde:_____

_____

Gefährliche Schnittmengen:_____

_____

FINAL CHECK

Aussehen: ‖   2   3   4   5

Alter: ‖   2   3   4   5

Körperpflege: ‖   2   3   4   5

Beziehungsstatus: ‖   2   3   4   5

Monetärer Status: ‖   2   3   4   5

Sexuelles Wissen: ‖   2   3   4   5

Bettfaktor: ‖   2   3   4   5

Aktivität/Passivität: ‖   2   3   4   5

Gesamtbewertung:

    ‖   2   3   4   5

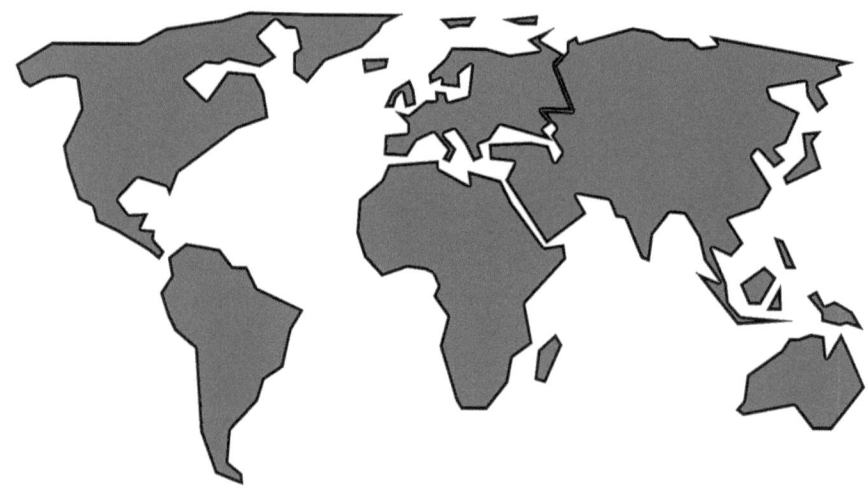

Europa

Asien

Afrika

Nordamerika

Südamerika

Ozeanien
